BAINS D'AUDINAC

(ARIÈGE)

PRÈS DE St-GIRONS.

NOTICE SUR LE NOUVEL ÉTABLISSEMENT THERMAL, SUIVIE DE L'ANALYSE DE SES EAUX, PAR M. FILHOL, ET D'UNE DISSERTATION SUR SES PROPRIÉTÉS, PAR M. LE Dr SENTEIN, INSPECTEUR DE L'ÉTABLISSEMENT;

ornée

DE QUATRE DESSINS.

TOULOUSE,
TYPOGRAPHIE DE BONNAL ET GIBRAC,
RUE SAINT-ROME, 46.

1849.

Pl. 1.

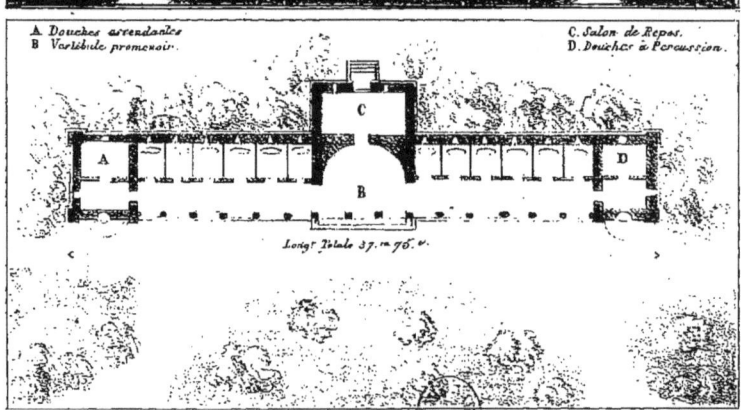

A Douches ascendantes.
B Vestibule promenoir.
C. Salon de Repos.
D. Douches à Percussion.

Longr Totale 37.m 76.c

Edmond Chambert, archi.te du Dépt.   Imp. Constantin fils aîné, Toulouse.

BAINS D'AUDINAC.
Pavillon des Bains & des Douches.

BAINS
D'AUDINAC

(ARIÉGE).

PRÈS DE St-GIRONS.

NOTICE SUR LE NOUVEL ÉTABLISSEMENT THERMAL, SUIVIE DE L'ANALYSE DE SES EAUX, PAR M. FILHOL, ET D'UNE DISSERTATION SUR SES PROPRIÉTÉS, PAR M. LE Dr SENTEIN, INSPECTEUR DE L'ÉTABLISSEMENT.

ornée
DE QUATRE DESSINS.

TOULOUSE
TYPOGRAPHIE DE BONNAL ET GIBRAC,
RUE SAINT-ROME, 46.

1849.

IMPRIMERIE DE BONNAL ET GIBRAC,
RUE SAINT-ROME, 46.

BAINS D'AUDINAC.
Batiment d'Habitation.

AVANT-PROPOS.

Les Eaux d'Audinac déjà connues ont acquis, depuis quelques années, une grande réputation par les cures qui y ont été opérées.

Les nouveaux propriétaires, jaloux de donner à l'établissement qui existait depuis très longtemps, les développements dont il était susceptible, n'ont reculé devant aucun sacrifice. Ils se sont entourés de conseils éclairés pour avoir les résultats les plus satisfaisants.

Les anciennes constructions de bains ont été restaurées et mises à neuf. Un grand pavillon, d'une architecture simple et élégante, décoré d'une magnifique colonnade en marbre, a été élevé au milieu d'un bosquet; il renferme de nombreux cabinets pour bains, douches ascendantes et douches à percussion.

Les deux sources qui alimentent l'établissement ont été captées et aménagées d'après les avis et sous la direction de M. J. François, ingénieur en chef des mines, spécialement chargé par l'état de la direction des eaux thermales, en France.

Une nouvelle analyse des eaux a été faite par M. Filhol, professeur de chimie à Toulouse.

Les soins les plus minutieux ont été apportés dans tout ce qui devait conserver à Audinac le rang que la bonté et la spécialité de ses eaux lui assigne désormais parmi les établissements thermaux.

Un vaste hôtel d'habitation, où l'on trouve des logements commodes, spacieux et meublés avec goût, est disposé pour y recevoir les nombreux voyageurs qui se rendent chaque année à Audinac. Un grand salon de réunion, une salle de musique, de billard, sont établis au rez-de-chaussée.

Les travaux de construction qui viennent d'être exécutés, ont été faits d'après les dessins et sous la direction de M. Edmond Chambert, architecte du département de la Haute-Garonne.

Les étrangers qui viendront visiter l'établissement d'Audinac, trouveront dans les nouvelles dispositions, tous les moyens de distractions et les agréments de la promenade. Audinac se trouve placé dans une situation délicieuse; ses environs offrent les sites les plus riants et des buts de promenades très variés. Des voitures et des chevaux sont mis à la disposition des étrangers. Une voiture spéciale fait le trajet, matin et soir, de l'établissement à Saint-Girons.

Un très bon maître d'hôtel est attaché à l'établissement. Il fournit les repas aux étrangers, à des prix modérés. Ils peuvent se faire servir séparément dans leur appartement, ou bien se réunir à la table d'hôte.

Une chapelle pour le service divin a été provisoirement autorisée dans les bâtiments de l'hôtel. Une petite chapelle va être construite dans le parc et à proximité de l'établissement.

NOTICE

SUR LES

BAINS D'AUDINAC

(ARIÈGE);

Par M. J. FRANÇOIS, ingénieur en chef des mines

Les Bains d'Audinac sont situés à dix kilomètres de Saint-Girons, sur la route de Toulouse, par Saint-Girons, en Espagne, dans un petit vallon que l'on a su convertir en un parc agréable, avec promenades variées.

Ils sont alimentés par deux sources thermo-minérales, que l'analyse, récemment faite par M. Filhol, classe parmi les eaux salines de la variété de celles désignées sous le nom de ferrugineuses-acidulées.

La principale, indiquée sous le nom de *Source des Bains*, donnait, le 12 septembre 1848, par un temps calme, la température extérieure étant de 18°,30, un débit journalier de 182,560 litres à 20°,90.

Elle sert à la fois à la boisson et à l'alimentation des bains et douches. Elle a été récemment captée et isolée de tous les agens de dégradation.

Un vaste bassin, élevé au-dessus du sol et d'un accès facile aux malades, est disposé de manière à desservir les bains et les douches, et à permettre l'usage de l'eau en boisson sur les points d'émergence.

La seconde source, indiquée sous le nom de source *Louise*, est exclusivement affectée à la boisson, surtout en raison de sa nature gazeuse et de sa teneur en sels de fer, qui, sous ce rapport, la rapprochent de la source de *l'Hôpital de Vichy*.

Le 12 septembre 1848, elle débitait par vingt-quatre heures, 115,200 litres à 19°,90. Elle a été récemment captée et mise à l'abri des agens de dégradation.

Elle s'élève à 1^m,20 au-dessus du sol, dans une vasque circulaire, taillée dans un bloc de marbre, élégante, et dont la forme facilite l'usage des eaux au plus près du point d'émergence.

La position géologique des Eaux d'Audinac vient confirmer les indications de l'analyse, et les classer parmi les eaux salines thermales des Pyrénées. Elles jaillissent à la limite commune des formations crétacées, supérieure et inférieure, sur la ligne même des affleurements des ophites que l'on observe de Labastide-de-Sérou à Salies, par Rimont, Mercenac et Bonrepos. Cette ligne se rattache d'ailleurs, vers l'ouest, à celle des affleurements ophitiques auxquels sont liées les eaux des environs d'Aspet, d'Encausse, de Sainte-Marie, de Bagnères (Bigorre), de Saint-Christau, etc.

L'émergence des sources s'opère à la limite de calcaires compactes, caverneux, et de marnes calcaires. Leur position, rapprochée de la structure générale des terrains, permet de penser que, par des travaux souterrains, par des sondages, on arriverait à en accroître la température et le débit actuel.

Toutefois, la source des Bains offre à l'administration des

établissements un volume suffisant. Car, en dehors des besoins de la boisson, et sans recourir à la source *Louise*, elle suffit à l'administration journalière de 450 à 500 douches et bains.

Récemment les Bains d'Audinac ont été l'objet d'améliorations et de constructions importantes.

Un nouvel établissement, d'une architecture élégante et appropriée à sa destination, complète aujourd'hui les moyens de bonne administration des Eaux d'Audinac.

Cet établissement comprend une galerie de douze cabinets confortables, renfermant quinze baignoires. La galerie est coupée par une salle d'attente, et terminée à ses extrémités par deux avant-corps. L'un d'eux est destiné à l'appropriation de deux douches ascendantes, avec vestiaire ; le second est occupé par une douche de percussion, à température et à pression variables, précédé d'un vestiaire.

Peu de bains offrent encore le confort et l'élégance d'appropriation de ceux du nouvel établissement d'Audinac.

Les anciens Bains ont été l'objet d'un remaniement général. Le mode de distribution des eaux a été amélioré, de manière à desservir rapidement les quinze baignoires, et deux douches qui y existent, en même temps que les quatorze baignoires et les douches du nouvel établissement.

Les détails qui précèdent indiquent suffisamment toutes les ressources que peut offrir aux malades l'ensemble des Bains d'Audinac.

BAINS D'AUDINAC.
Buvette de l'Etablissem.t & Batimens des anciens Bains.

ANALYSE

DE

L'EAU D'AUDINAC,

PAR E. FILHOL,

PROFESSEUR DE CHIMIE ET DE PHARMACIE A L'ÉCOLE DE MÉDECINE
DE TOULOUSE.

SOURCE DES BAINS.

L'eau de cette source est limpide, incolore; elle exhale une légère odeur d'acide sulfhydrique; sa saveur est un peu amère; sa densité est de 1,0020. Un thermomètre centigrade que nous y avons plongé s'est fixé, au bout de peu de temps, à 22°,75 ; la température extérieure était au même moment de 14°.

De temps en temps et à des intervalles assez rapprochés, de grosses bulles gazeuses partent du fond de l'eau et viennent crever à la surface ; nous avons recueilli une quantité assez notable du gaz qui se dégage ainsi, et nous l'avons introduit dans une éprouvette graduée, dans laquelle nous avons fait parvenir un morceau de potasse caustique. Après que l'action de cette base a été épuisée, nous avons mis à sa place un bâton de phosphore pour absorber l'oxygène ; nous avons enlevé ce dernier après 36 heures de contact, et nous avons trouvé que le résidu gazeux que contenait l'éprouvette possédait tous les caractères de l'azote : la potasse avait absorbé $^2/_{00}$ d'acide carbonique, et le phosphore 1,5 d'oxygène ; il restait donc 96,5 d'azote.

Exposée, à l'air, cette eau se trouble au bout de quelque temps et abandonne un précipité rougeâtre dont les caractères chimiques sont les suivants : il est soluble avec effervescence dans l'acide azotique ; sa solution (fortement acide) étant mêlée avec un excès d'ammoniaque fournit un précipité gélatineux possédant tous les caractères physiques et chimiques du sesqui-oxyde de fer ; la liqueur ammoniacale séparée de ces flocons donne avec l'oxalate d'ammoniaque un abondant précipité d'oxalate de chaux ; le liquide séparé par filtration de l'oxalate de chaux étant mêlé à du phosphate d'ammoniaque fournit un précipité formé uniquement de phosphate ammoniaco-magnésien.

Ce dépôt est donc formé de carbonates de chaux de magnésie et de sesqui-oxyde de fer.

Soumise à l'action de la chaleur, l'eau de cette source laisse dégager, bien avant l'ébullition, des bulles nombreuses d'acide carbonique ; elle se trouble en même temps et abandonne un précipité grisâtre qui possède toutes les propriétés de celui que nous venons de décrire.

Elle ramène au bleu la teinture de tournesol rougie, et ne cesse pas de produire cette réaction lorsqu'on l'a fait bouillir pendant un temps suffisant, pour déterminer la précipitation des carbonates de chaux et de magnésie qu'elle renferme.

Elle se comporte avec les réactifs comme il suit :

Potasse, soude et carbonates de ces bases, ——— précipité blanc.
Ammoniaque, ——— précipité blanc, floconneux, moins abondant.
Oxalate d'ammoniaque, ——— précipité blanc fort considérable.
Chlorure de baryum, ——— abondant précipité blanc insoluble dans l'acide azotique.

Azotate d'argent, ——— léger précipité blanc, cailleboté, insoluble dans l'acide azotique et soluble en entier dans l'ammoniaque.
Cyanure jaune de potassium et de fer, ——————— action nulle.
Bichlorure de mercure, ——— le mélange devient laiteux au bout de quelques heures.
Eau de savon, ——————— précipité grumeleux très abondant.

L'eau de chaux est troublée par l'addition d'une petite quantité d'eau d'Audinac. Une plus forte proportion de cette dernière fait disparaître le précipité produit en premier lieu.

Nous allons faire connaître, en supprimant pourtant tous les détails, la marche qui a été suivie dans l'analyse quantitative dont nous rapporterons plus bas les résultats. Cette marche est, à peu de chose près, celle qui est décrite dans le traité d'analyse quantitative de MM. Frésénius et Sacc; elle consiste à déterminer séparément les acides et les bases que contient l'eau, sans s'inquiéter tout d'abord de l'état sous lequel ils existent dans celles-ci. La nature des sels se déduit des proportions relatives des acides et des bases, des résultats fournis par l'analyse qualitative et par quelques essais spéciaux, de la solubilité des sels que peuvent fournir les acides et les bases qu'on a trouvés, et enfin d'une foule de circonstances qu'il serait trop long d'énumérer et dont le lecteur pourra, s'il le désire, prendre connaissance dans les mémoires de l'Académie des sciences de Toulouse (avril 1849), où l'analyse est imprimée en entier.

Un litre d'eau, de la source des bains, a fourni :

Chaux, ... 0^{gr},572   Chlore, ... 0^{gr},006
Magnésie, ... 0,117   Iode, . (traces.) . . . . .
Alumine, . (traces.) . . .   Acide sulfurique, . 0,0978
Oxyde de fer, ... 0,007   Acide silicique, . . 0,004
——— de manganèse, 0,008   Acide carbonique, . 0,180
Potasse, . (traces.) . . . .   Matière organique, 0,042
Soude, ... 0,007   Acide crénique, . . 0,001

10 litres d'eau maintenues en ébullition pendant deux heures, en ayant la précaution de remplacer l'eau qui s'évaporait par une quantité équivalente d'eau distillée, ont laissé déposer un précipité contenant 2 grammes de carbonate de chaux, 0gr,100 de carbonate de magnésie, 0gr,030 d'oxide de fer, 0gr,080 d'oxide de manganèse.

Etablissons, d'après ces données, la composition de l'eau rapportée à 1 litre.

0gr,200 de carbonate de chaux contiennent 0gr,088 d'acide carbonique.

0gr,010 de carbonate de magnésie en contiennent 0gr,005.

0gr,003 d'oxyde de fer
0gr,008 d'oxyde de manganèse } qui sont tenus en dissolution par cet acide, en exigent environ 0gr,008.

Si, de 0gr,180 chiffre total de l'acide carbonique, nous déduisons 0gr,101, il reste en acide carbonique libre 0gr,079. Si de la quantité totale de chaux nous déduisons les 0gr,112 qui s'y trouvent à l'état de carbonate, il reste 0gr,460 de cette base, qui en se combinant à 0gr,657 d'acide sulfurique, fournissent 1gr,117 de sulfate de chaux ; si de 0gr,978 d'acide sulfurique nous déduisons les 0gr,657 qui s'y trouvent sous la forme de sulfate de chaux, il nous restera 0gr,321 de cet acide, qui forment, avec 0gr,169 de magnésie, 0gr,490 de sulfate de magnésie. Les 0gr,006 de chlore s'unissent à 0gr,002 de magnésium, et fournissent 0gr,008 de chlorure de magnésium.

Les 0gr,004 d'oxyde de fer, qui ne se déposent pas pendant l'ébullition de l'eau, peuvent être considérés comme unis à l'acide crénique, et forment 0gr,005 de crénate de fer.

La soude et la potasse que contient l'eau peuvent être supposées unies, soit à l'acide carbonique, soit à l'acide silicique, mais avec beaucoup plus de probabilité à ce dernier; on a donc 0ᵍʳ,020 de silicate de soude; l'iode s'y trouve probablement combiné au magnésium.

D'après cela un litre d'eau contient :

Sulfure de calcium.............	traces.
Chlorure de magnésium.........	0ᵍʳ,008
Iodure *Idem*.............	traces.
Carbonate de chaux.............	0,200
Idem de magnésie..........	0,010
Sulfate de chaux.............	1,117
Idem de magnésie	0,496
Oxyde de fer.................	0,003
Idem de manganèse............	0,008
Crénate de fer.................	traces.
Alumine....................	traces.
Silicate de soude...............	0,020
Idem de potasse	traces.
Matière organique.............	0,042
Acide carbonique.............	0,079 ou 36,30 ᶜᶜ.
Total.......	1ᵍʳ,988

SOURCE FROIDE,

Indiquée sous le nom de Louise.

La température de cette source est de 22°; sa densité, prise à 15° égale 1,0019. Les caractères physiques et chimiques de l'eau sont exactement les mêmes que ceux de la source chaude, les réactifs indiquent aussi qu'elle renferme les mêmes éléments; mais, comme nous allons le voir, dans des proportions un peu différentes.

— 14 —

Un litre de cette eau a fourni :

Chaux	0^{gr},470
Magnésie	0,407
Alumine	traces.
Oxyde de fer	0,007
Oxyde de manganèse	0,005
Potasse	traces.
Soude	0,009
Chlore	0,012
Iode	traces.
Acide sulfurique	0,550
Acide Silicique	0,003
Acide carbonique	0,240
Acide crénique	0,002
Matière organique	0,058

ou bien :

Chlorure de magnésium	0^{gr},016
Iodure	traces.
Carbonate de chaux	0,150
Carbonate de magnésie	0,004
Sulfate de chaux	0,935
Sulfate de magnésie	0,464
Oxyde de fer	0,007
Oxyde de manganèse	0,005
Alumine	traces.
Crénate de fer	0,008
Silicate de soude	0,012
Silicate de potasse	traces.
Matière organique	0,058
Acide carbonique	0,142 = 71 ^{cc}
Total	1^{gr},804

Comme on le voit, cette source se distingue de la première par l'absence de l'odeur sulfureuse, ou au moins par l'intensité beaucoup moindre de cette odeur, par la présence d'une quantité moindre de sels de chaux et d'une proportion un peu plus forte de sels de fer et d'acide carbonique. L'alcalinité légère de l'eau des deux sources nous paraît devoir être rapportée au silicate de soude dont l'analyse y démontre l'existence.

L'une des deux sources (la plus froide) renferme du carbonate et du crénate de fer dans des proportions suffisantes pour qu'on puisse la rapprocher, sous ce rapport, de plusieurs sources qui doivent surtout leur activité au fer ; toutes les deux contiennent une petite quantité d'iode.

La Source des Bains doit sans aucun doute son odeur sulfureuse à un peu de sulfure de calcium dont l'origine est facile à concevoir, puisqu'elle contient en même temps du sulfate de chaux et une matière organique qui a pu, en réagissant sur une trace de ce dernier sel le transformer en sulfure. La matière organique se compose d'acide crénique, et en outre d'une substance que MM. Lafont Gouzy et Magnes avaient désignée sous le nom de bitume, et qui en effet se rapproche, sous plusieurs rapports, de ce que l'on désigne ordinairement sous ce nom.

Il est à remarquer que le dépôt ferrugineux recueilli à la source et soumis à l'analyse n'a pas fourni de traces d'arsenic, tandis que ce principe se retrouve dans presque tous les dépôts qu'abandonnent les eaux ferrugineuses. La proportion d'acide carbonique dont l'analyse démontre l'existence dans l'eau de chacune des deux sources est un peu supérieure à celle qu'il faut pour former des bi-carbonates de chaux, de magnésie et de fer, avec la quantité de ces bases qui a été comptée plus haut comme carbonate neutre. Les Eaux d'Audinac peuvent donc être classées parmi les eaux thermales salines acidules ferrugineuses.

BAINS D'AUDINAC,
Nouvelle Buvette Louise.

DES EAUX D'AUDINAC

CONSIDÉRÉES

SOUS LE RAPPORT THÉRAPEUTIQUE,

Par le docteur SENTEIN,

MÉDECIN INSPECTEUR DE CES EAUX.

Dans la nouvelle appréciation que nous allons faire des propriétés médicales des eaux d'Audinac, nous ne saurions ni oublier ni contredire ce que nous avons déjà écrit les concernant, à des époques plus ou moins éloignées. Il nous suffira seulement d'élever à la hauteur du perfectionnement des analyses chimiques de nos jours, la rédaction nouvelle des conclusions qui nous avaient été dictées par l'étude et les observations pratiques continues, auxquelles nous nous sommes toujours livré avec zèle.

Les eaux minérales d'Audinac différant entre elles non seulement par leur thermalité, mais encore par leur composition chimique, doivent nécessairement varier dans leurs applications et remplir des indications fort différentes et même opposées sous certains rapports.

Les eaux d'Audinac pourraient être désignées comme thermales acidules salines ferrugineuses.

Déjà différentes, comme on le voit, par leur thermalité et par leur composition chimique, elles ont en outre des propriétés, ou, si l'on veut, elles produisent des effets thérapeutiques variés tenant plus particulièrement à leur mode d'administration.

Données à l'intérieur, en boisson, à la dose de 3 à 6 verres par jour, suivant les cas, elles agissent d'une manière différente, selon qu'elles sont prises à la source chaude ou à la source froide ; et dans les deux cas, suivant la forme sous laquelle elles sont administrées.

Les eaux chaudes administrées à l'intérieur, en boisson, sont : purgatives, diurétiques, diaphorétiques ou même décidément sudorifiques chez certains sujets.

Les eaux de la source chaude, en boisson, exercent sur tout le tube digestif, une action qui ressentie sympathiquement par la peau, est d'une grande utilité au traitement des affections cutanées.

En tant que purgatives, lentes, mais soutenues, elles sont avantageuses contre certaines phthysies chroniques encore peu prononcées, ne s'accompagnant ni d'une grande irritation inflammatoire, ni surtout de la formation de tubercules dans le tissu pulmonaire.

Au même titre, elles sont fondantes ou désobstruantes, présentant par conséquent de grandes ressources dans le traitement des engorgements chroniques du foie, du pancréas, de la rate et des reins, en expulsant les vieux amas de matières saburrales et de bile dégénérées, tout en combattant en même temps l'habitude de sécrétion bilieuse, en excès chez les sujets qui en sont atteints.

L'effet des eaux est encore efficace, si les engorgements dont il s'agit, sont sous la dépendance de la répercussion de quelque maladie éruptive ancienne.

Il est seulement important dans ces cas, que les engorgements des viscères désignés n'aient pas dégénéré au point d'être devenus des squirrhes ou surtout des cancers plus ou moins enflammés ou ulcérés.

En boisson, les eaux de la source chaude ont suffi, dans plus d'une occasion, pour détruire des spasmes douloureux, fixes, établis depuis un temps plus ou moins long, sur quelque point du tube digestif ou dans quelque viscère. C'est ainsi que l'on a heureusement combattu des spasmes de l'œsophage, du cardia et du pylore ; de l'estomac et des intestins, de la vessie ; des douleurs fixes qui s'étaient comme inséparablement attachées au foie, à la rate, aux reins ; des spasmes du vagin et du col utérin rendant constamment les approches sexuelles douloureuses.

Quelques flux, tels que des gastrorrhées, avec vomituritions ou vomissements de matières visqueuses, blanchâtres, fort acides ; des diarrhées et des dyssenteries chroniques sans symptômes inflammatoires, ou accompagnées d'irritations peu intenses, se sont parfaitement trouvés de l'emploi des eaux chaudes dirigées contre elles. Il en a été de même de cas nombreux de catarrhe vésical et de flueurs blanches, après que les symptômes inflammatoires qui les avaient précédés ou qui les accompagnaient avaient été préalablement traités.

Comme diurétiques, outre qu'elles concourent avantageusement au traitement de beaucoup de maladies de natures variées, elles sont surtout appropriées aux maladies des voies urinaires qui ne supporteraient pas encore l'action des eaux froides, et à la tendance des infiltrations aqueuses qui accompagnent presque toujours les engorgements de viscères, un peu avancés.

L'avantage des eaux chaudes comme diaphorétiques et même sudorifiques est trop facile à pressentir pour qu'il ne doive pas suffire ici seulement de l'indiquer. Le traitement de l'asthme sec ou humide convulsif et celui de la plupart des spasmes intérieurs trouvent dans leur emploi, à ce titre, un actif auxiliaire.

Dans un grand nombre de circonstances, les eaux de la Source Chaude exercent une action combinée, une action d'ensemble : elles agissent en même temps comme purgatives, comme diurétiques et comme sudorifiques, ou tout au moins comme diaphorétiques. On sent combien une pareille métasyncrise, s'opérant toujours avec douceur et d'une manière graduée, doit être avantageuse, habilement dirigée par un médecin praticien contre des états morbides rebelles très variés.

Les eaux *froides* prises en boisson à la dose d'un à deux verres, plusieurs fois dans la journée, selon les cas, sont puissamment excitantes, toniques, et nous dirons même *roborantes*, car leur emploi suffisamment prolongé renforce d'ordinaire d'une manière sensible toute la constitution. Leur température plus basse et les plus fortes proportions de leur acide carbonique libre, de leur chlorure de magnésium, et de leur carbonate de fer, nous en donnent l'explication.

Les eaux de cette source sont utiles contre toutes les débilités du tube digestif : défaut d'appétit, difficulté de digestion, rapports acides ou nidoreux, vomissements ou diarrhées, suites de ce malaise. Accumulation de gaz, soit dans l'estomac, soit dans les intestins. En vertu de leur acide carbonique libre, elles sont décidément sédatives : elles constituent une sorte de potion anti-émétique de rivière naturelle. On a remarqué que, par le temps orageux, la proportion d'acide carbonique était encore plus considérable. Cette circonstance peut être mise à profit.

Cette action tonique ou excitante de nos eaux froides est d'autant plus avantageuse que l'effet de l'acide carbonique, du manganèse et du fer, s'y trouve précisément adouci par une plus forte proportion de la matière organique signalée par la nouvelle analyse chimique : les eaux chaudes n'en contiennent que 0,042, tandis que les eaux froides en fournissent 0,058.

Les eaux froides d'Audinac sont plus spécialement utiles contre les maladies des voies urinaires occasionées par la diathèse lithique, le catarrhe vésical atonique, les pertes séminales et la stérilité, suite d'excès de masturbation ou de plaisir vénérien; contre les flueurs blanches par simple défaut de ton et contre les blennorrhées rebelles non syphilitiques des deux sexes.

Elles sont d'une efficacité reconnue par rapport à l'expulsion des matières sablonneuses et de ses graviers. C'est en se tamisant en quelque sorte dans les reins, qu'elles combattent la diathèse lithique.

Nous nous sommes demandé si, par l'addition artificielle d'une suffisante quantité de bi-carbonate de soude, qui rendrait la composition de nos eaux froides plus approchante de celles de la fontaine des *Célestins* ou du rocher de *Vichy*, nous ne parviendrions pas à fondre ainsi des calculs soit rénaux, soit vésicaux. Nous avons même fait quelques essais dans ce but d'une si haute importance pour notre établissement; mais ces essais ont besoin d'être repris et d'être poussés plus loin, pour que nos idées puissent être bien arrêtées sur cet objet.

Sous cette forme, encore, nos eaux froides combattent avantageusement la chlorose ou pâles couleurs, et la laxité des tissus qui l'accompagne, en augmentant le cruor, la partie ferrugineuse et la consistance du sang. C'est ainsi qu'on doit expliquer l'avantage qu'elles ont si souvent de rétablir ou de régulariser les règles, et de rappeler ou de provoquer le flux sanguin hémorroïdal.

Elles ont rendu des services aussi considérables dans une foule de maladies avec atonie, telles que la débilité, suite d'hémorrhagies ou de saignées excessives, les formes variées du scorbut, la tendance aux collections aqueuses, etc.

Le fer, qui, quand il est administré isolément, a une action thérapeutique très marquée, particulièrement sur la composition du sang, est mieux supporté par l'estomac, pénètre bien plus facilement nos humeurs et s'y dissout infiniment mieux sous la forme de carbonate et de crénate de fer, parce qu'il est ainsi beaucoup plus aisément assimilable.

Mais on sent bien que l'emploi des eaux de cette source dans toute cette classe de maladies est contre-indiqué, lorsque la faiblesse, au lieu d'être *réelle*, n'est qu'*apparente* ou trompeuse : quand au lieu d'y avoir *prostration réelle*, cette distinction est de la plus haute importance au point de vue pratique.

Il est des états morbides chroniques, compliqués, qui exigent que les eaux minérales d'Audinac, tant froides que chaudes, ne soient administrées qu'après certaines précautions, ou mêlées avec d'autres substances adoucissantes ou médicamenteuses. Hoffmann s'était déjà bien trouvé de mêler le lait, le petit-lait ou d'autres liquides adoucissants aux eaux minérales naturelles dans le traitement de beaucoup de maladies chroniques, difficiles à guérir; et plus d'une fois, à l'exemple de praticiens d'un grand mérite, nous avons rendu le traitement de certaines maladies de la peau rebelles, évidemment plus avantageux en renforçant l'action de leur traitement par les eaux minérales, par l'addition de sucs d'herbes dépuratives, de laxatifs ou de purgatifs doux et même de quelques pilules de belloste.

Dans les dyspepsies, les digestions difficiles, etc., où les eaux froides sont les mieux indiquées, surtout prises à la source même, il est souvent avantageux de les mêler au vin ou à l'eau sucrée pour faciliter la digestion.

Les eaux d'Audinac en bains, pris comme moyen de concours avec les eaux en boisson, se sont montrées utiles, contre certaines maladies cutanées, anciennes, rebelles, dégénérées, telles que les affections sporiques et dartreuses, ainsi que certaines syphilides; contre les affections rhumatismales et goutteuses légères et chroniques, sous forme vague; contre les maladies nerveuses, telles que l'hystérie, l'hypochondrie, etc.

Il est presque inutile de dire que le tempérament sanguin, les éruptions à la face, accompagnés de mouvements fluxionnaires vers la tête et les épistaxis habituelles constituent autant de contre-indications.

Enfin les eaux d'Audinac remplissent encore d'autres indications purement topiques, quand elles sont employées, soit chaudes, soit froides, contre des vices locaux.

Les eaux froides appliquées d'une manière permanente sur les aines au moyen de compresses convenablement renouvelées et surtout employées en lotions ou injections intestinales, vaginales ou même utérines, ont fortifié les ligaments de la matrice, donné du ton aux fibres intestinales, au col utérin et au vagin, et prévenu par là des fausses couches ou des avortements qui jusque là s'étaient plus ou moins fréquemment renouvelés.

Tels sont les résultats de nos observations et de notre expérience dans l'administration des eaux d'Audinac, auxquelles des sujets de toutes les conditions et pour ainsi dire de toutes les contrées de la France, viennent demander chaque année des soulagements ou des guérisons qu'aucun autre moyen thérapeutique n'a pu leur procurer.

www.ingramcontent.com/pod-product-compliance
Lightning Source LLC
Chambersburg PA
CBHW060713050426
42451CB00010B/1413